Christoph Häselbarth
Befreiung

Christoph Häselbarth

Befreiung

von Vorfahrenschuld und Wachstum im Glauben

Verlag Gottfried Bernard
Solingen

Josua-Dienst
Strittmatt

Dieses Buch ist eine Koproduktion von:
Verlag Gottfried Bernard
Heidstraße 2a
42719 Solingen
und
JOSUA-Dienst e.V.
Strittmatt 49
79733 Görwihl

Satz: CONVERTEX, Aachen
Grafik: image design, A. Fietz, Landsberg
Druck: Druckhaus Gummersbach

ISBN 3-925968-83-0
Best.-Nr. 175883

Die Bibelstellen sind in der Regel aus der revidierten Elberfelder Bibel, nur wenn mit (L) gekennzeichnet, sind sie der Lutherbibel von 1984 entnommen.

Die Herausforderung an uns alle

Gott aber sei Dank, der uns den Sieg gibt durch unseren Herrn Jesus Christus „Daher, meine geliebten Brüder, seid fest, unerschütterlich, allezeit überströmend in dem Werk des Herrn, da ihr wißt, daß eure Mühe nicht vergeblich ist“. 1. Kor. 15, 57, 58.

Der Herr möchte, daß wir in unserem Leben praktisch überwinden, und zwar die Dinge, die uns schon lange quälen oder gar sich schon seit Generationen durch unsere Familien ziehen. Darüber hinaus möchte der Herr uns zu Streitern Gottes machen, die anderen, also Einzelpersonen, Gruppen und Nationen wiederum helfen können, in die göttliche Freiheit einzutreten.

Wir haben erlebt, wie viel Befreiung von Schuld und Vorfahrenschuld geschehen ist und Menschen in große, neue Freiheiten gekommen sind, doch haben wir auch nur Teile der ganzen Erkenntnis. Wenn ein Problem durch normale Seelsorge, d. h. durch Erkennen und Bekennen von Schuld und ganze Umkehr nicht gelöst wird, kann es sein, daß wir noch durch Vorfahrenschuld gebunden sind (unbereinigte Sünden oder Flüche der Vorfahren). Unsere eventuell noch nicht ganz erlangte Freiheit kann aber auch noch andere Ursachen haben.

Wir sind bemüht, einen Weg aufzuzeigen, durch den wir von Lasten befreit werden, die sich infolge von Sünde unserer Vorfahren bis in unser Leben hinein bedrückend auswirken.

Gideon ist im Buch Richter, Kapitel 6 und 7 ein Beispiel dafür, wie wir in die Freiheit kommen können. Gideon wurde siegreich, als er seinen Platz einnahm und tat, was Gott ihm sagte. Israel war damals von den Mideanitern belagert, bedrängt, ausgebeutet und unterdrückt worden.

Heute sind wir auch in manchen Bereichen gebunden, d. h.: in der Hand von Feinden wie etwa durch:

Drogen oder Alkohol, Hurerei, Pornographie, Homosexualität, Humanismus, Habsucht, Sicherheit, Feminismus, Abtreibung, Kindermord, Gottesferne, Geist des Antichristen u. a.

Doch wir sind berufen, Überwinder zu sein, und im Namen Jesu haben wir die Autorität über die Feindespläne in unseren Familien, Städten und Ländern. Wie Gideon sollen wir unsere Familien und unser Umfeld in göttlich geschenkte Freiheit führen.

Zunächst mögen wir uns wie Gideon fühlen, wenn der Herr auch über uns ausspricht: **„Der Herr ist mit dir, du tapferer Held!"** Ri. 6, 12b. Und vielleicht antworten wir mit derselben geistlichen Minderwertigkeit: **„... Bitte mein Herr, wenn der Herr mit uns ist, warum hat uns denn das alles getroffen? Und wo sind all seine Wunder, von denen uns unsere Väter erzählt haben, ..."** Ri. 6, 13a.

Doch der Herr antwortet: **„Geh hin in dieser deiner Kraft und rette Israel aus der Hand Midians!"** Ri. 6, 14b.

Gott will uns ermutigen, Weisung geben und mit Kraft ausrüsten. Dann werden Christen durch ihre Gebete verändernd in alle Lebensumstände unserer Familien, Orte, Länder hineinwirken, und Bastionen von geistlichem Fatalismus und Irrglaube werden gestürzt werden.

Als ersten Schritt begann Gideon seinen Auftrag, seine Berufung anzunehmen und nicht mehr auf seine natürliche Schwäche zu sehen.

Der nächste Schritt war, den Baalsaltar seines Vaters niederzureißen und das Ascherabild, das danebenstand, umzuhauen.

Einige Bibelworte über den Einfluß der Vorväter auf unser Leben:

Der Herr ist langsam zum Zorn und groß an Gnade, der Schuld und Treubruch vergibt, aber keineswegs ungestraft läßt, der die Schuld der Väter heimsucht an den Kindern, an der dritten und vierten (Generation). 4. Mo. 14, 18.

Die aber von euch übrigbleiben, die sollen in der Feinde Land dahinschwinden wegen ihrer Missetat, aber auch um der Missetat ihrer Väter willen. 3. Mo. 26, 39 (L).

... Heiligt euch nun und heiligt das Haus des Herrn, des Gottes eurer Väter und schafft den Unflat (Befleckung, Abscheuliches) aus dem Heiligtum! Denn unsere Väter haben treulos gehandelt und getan, was böse ist in den Augen des Herrn, unseres Gottes, und haben ihn verlassen. Und sie haben ihr Gesicht von der Wohnung des Herrn abgewandt und ihr den Rücken zugekehrt. Auch haben sie die Türen der Vorhalle verschlossen und die Lampen ausgelöscht und dem Gott Israels kein Räucherwerk dargebracht und kein Brandopfer im Heiligtum geopfert. So ist der Zorn des Herrn über Juda und Jerusa-

lem gekommen, und er hat sie zum Schrecken, Entsetzen und Zischen gemacht, wie ihr mit euren Augen seht. Und siehe, deswegen sind unsere Väter durch das Schwert gefallen, und unsere Söhne und Töchter und unsere Frauen sind in Gefangenschaft. 2. Chron. 29, 5b - 9.

Die Götzenaltäre in unserem Leben

Bei uns ist das ebenso. Viele von uns sind geistlich geschwächt, weil die Baalsaltäre (die Götzen) und die Ascherabilder (Unreinheit) noch in unseren Familien stehen. Das sind Götzen, denen gehuldigt wurde, z. B. Ansehen, Kommunismus, Atheismus, Nationalsozialismus, Humanismus, Scheinfrömmigkeit, Unreinheit, Ehebruch, Habgier.

Manche Personen haben schon viel Seelsorge erfahren und doch hat sich nichts Grundlegendes geändert, weil Vorfahrenschuld nicht eindeutig bekannt und entmachtet wurde.

Ebenso kann es sein, daß unser persönliches geistliches Leben oder das geistliche Leben unserer Gemeinde, der Stadt oder des Landes gebremst ist, weil Vorfahrenschuld nicht bekannt und am Kreuz entmachtet wurde. Es scheint so zu sein, daß über Gemeinden, Städten, Regionen und Ländern Geister herrschen, die sehr viele Personen in geistlicher Unfreiheit halten, so daß Bekehrung und Umkehr noch sehr erschwert sind. (Siehe Daniel 10). Doch wir bleiben jetzt bei Schuld und Gebundenheit, die bei uns und unseren Familien gegeben sein kann.

Die Wurzel von Not und Unfreiheit in unserem Leben kann Schuld sein, die wir geerbt haben. Es kann sein, daß unser

Großvater Unreinheit begangen hat oder Rebellion in sich hatte, und in den nachfolgenden Generationen wird geistliches Leben durch diese immer wieder zwanghaft auftretende Sünde blockiert. Oder es kann sein, daß unsere augenblickliche Not ihre Ursache in der noch nicht bekannten Schuld unserer Vorfahren hat.

Wenn wir nicht in der uns von Gott gegebenen Vollmacht herrschen und den Feind entmachten, werden wir beherrscht und zerstört.

Daneben kann es sein, daß das schlechte Vorbild der Eltern die nachfolgenden Generationen negativ prägt.

Irret euch nicht, Gott läßt sich nicht verspotten! Denn was ein Mensch sät, das wird er auch ernten. Gal. 6, 7.

Das Gesetz von Saat und Ernte ist ein göttliches Gesetz. Es ist nicht gleichgültig, was unsere Großeltern und Eltern getan haben, was sie gesät haben. Wir und die Enkel und Urenkel müssen das ernten. Wenn in unseren Familien z. B. Befürwortung des Nationalsozialismus, Judenhaß, Kommunismus, Streit, Ehebruch, Abtreibung o. ä. war, liegt auf uns und unseren Kindern ein negatives Erbe. Auch sündige Haltungen wie Herrschsucht, Bitterkeit und Jähzorn werden weitergegeben.

Wenn beispielsweise die Großmutter ein Empfinden in ihrem Herzen hatte, daß Männer egoistisch, brutal und untreu sind, werden die Frauen der Folgegeneration ähnliche Negativerwartungen in sich tragen. Diese bitteren Wurzeln und negativen Erwartungen in den Herzen der Frauen lassen ihre Männer dann wirklich egoistisch, brutal und untreu werden. Natürlich verhält es sich ebenso mit den bitteren Wurzeln und negativen Erblasten und Sünden in den Herzen der Männer, die dieser Entwicklung Raum geben. Es muß allerdings erwähnt werden, daß auch die guten Haltungen in Form von Segen an die Folgegenerationen weitergegeben werden.

Häufig erleben wir in der Seelsorge Erblasten durch: Jähzorn, negativ-kritisches Reden, Süchte, Unreinheit, Ehescheidung, Dunkel und Stolz, Unterdrückung, Manipulieren und Dominieren von Männern durch Frauen und von Frauen durch Männer. Oder es zeigt sich, daß seit Generationen Jesus nicht Herr in der Familie ist und Unabhängigkeitsstreben, Ehrgeiz, Humanismus und Kritik regieren.

Okkulte Sünden der Vorfahren wirken sich immer zerstörend auf die Folgegeneration aus.

Und die Person, die sich zu den Totengeistern und zu den Wahrsagern (wie Wissenden und Erkennenden) wendet, um ihnen nachzuhuren, gegen diese Person werde ich mein Angesicht richten und sie ausrotten aus der Mitte ihres Volkes. 3. Mo. 20, 6.

Bei den Wahrsagern sind Geisterbeschwörer, Zeichendeuter und ihre Künste wie Horoskope und Astrologie mit eingeschlossen. Dieses „Ausgerottet-werden" kann auf verschiedene Weise erfolgen z. B. daß keine Kinder geboren werden (Unfruchtbarkeit als Fluch) oder eigenartige Todesfälle, z. B. Männer starben jeweils mit 40 Jahren oder Unglücke ereignen sich. Solche Flüche werden von Generation zu Generation weitergegeben. Ebenso wenn unsere Eltern, Großeltern oder Urgroßeltern sich Gruppierungen oder Ideologien wie dem Nationalsozialismus, der Freimaurerei, der Anthroposophie u. a. hingegeben oder sich gar verschrieben oder geweiht haben, liegt eine große geistliche Belastung auf den Folgegenerationen.

Wie können wir dem Gebundensein entfliehen?

Wenn es in unserem Elternhaus immer wieder schwierige Situationen wie Streit, Ungerechtigkeit oder Ablehnung gab, wollen wir dem möglichst schnell entrinnen, und wir lehnen die Eltern und das Elternhaus ab. Wir möchten das Elternhaus möglichst schnell verlassen, die ganze Situation vergessen, abschütteln und zudecken. Doch das geht nicht. Indem wir uns geschworen haben: Ich will nicht so werden wie mein Vater oder meine Mutter, werden wir garantiert genauso wie sie. Warum?

In Rö. 2, 1 heißt es: **Deshalb bist du nicht zu entschuldigen, o Mensch, jeder, der da richtet; denn worin du den anderen richtest, verdammst du dich selbst; denn du, der du richtest, tust dasselbe.**

Wir können ungutes Verhalten der Vorfahren oder schwierige Situationen im Elternhaus oder Mißbraucherlebnisse nicht einfach abschütteln oder verdrängen. Negative Erfahrungen und Vorfahrenschuld leben in uns weiter und werden Teil von uns sein, bis wir vergeben und sogar für die Vorfahrenschuld stellvertretend (wie Nehemia und Daniel) um Vergebung bitten und die ganze Schuld und Not zum Kreuz bringen. Somit ist der Ausweg nicht das Ablehnen der Eltern, der Erfahrungen oder der Umstände, sondern das Annehmen der Personen und Umstände und die stellvertretende Bitte um Vergebung sowie Übergabe aller Sündenlasten an Jesus.

Manche sagen: Ich bin Christ geworden, habe Jesus angenommen und bin eine neue Kreatur, mit alten Sünden und Lasten habe ich nichts mehr zu tun, ich sehe nur noch vorwärts und gehe neue Wege mit Jesus.

Wir sehen es folgendermaßen: Ja, ich habe Jesus angenommen und lebe als die neue Kreatur im Geist (ich muß beispielsweise nicht mehr sündigen). Doch meine noch unerneuerte Seele ist oftmals voll von alten Sünden, Gewohnheiten, Prägungen, die meine Erinnerungen und Gefühle stark beeinflussen.
Sünde wandert nicht von selbst an das Kreuz, sondern wir müssen sie dorthin tragen,Vergebung annehmen und uns nachher mit Gottes Wort füllen und einen geheiligten Lebensstil führen. Indem wir eigene Schuld und stellvertretend Familienschuld zum Kreuz bringen, gilt was in

Jer. 31, 29 steht: **In jenen Tagen wird man nicht mehr sagen: Die Väter haben unreife Trauben gegessen, und die Zähne der Söhne sind stumpf geworden.**

Oft sind Haltungssünden und okkulte Sünden eng miteinander verbunden, was einen Boden für Götzenaltäre bietet. Für Sünden und alle Vergehen bitten wir um Vergebung. Für Verletzungen, Krankheiten und Schwächen bitten wir um Heilung.

Falsche Haltungen bringen wir selbst zum Kreuz, damit sie dort sterben. Doch dunkle Mächte, die infolge von eigener

Sünde oder durch Vorfahrenschuld in uns hereingekommen sind, werden durch Befreiungsgebete ausgetrieben.

Generation von alter Saat geht auf

Ein Beispiel für Haltungssünden: Eine junge Frau lehnt ihren Vater, der Alkoholiker ist, ab und verachtet ihn. In ihrem Herzen ist eine bittere Wurzel und damit auch eine unbewußte Erwartung von: „Männer sind lieblos, trinken viel Alkohol und bringen Not in die Familie".
Sie heiratet einen netten jungen Mann, der ihren Träumen entspricht, er liebt sie und ist verantwortungsvoll. Nach einiger Zeit jedoch beginnt er zu trinken und wird nach und nach wie ihr Vater – bis diese Familienschuld an das Kreuz gebracht ist. Durch ihre negative innere Haltung zu ihrem Vater hin hat sie das Gift der Sünde in sich getragen und mit diesem Gift ihren Mann „vergiftet", bis er so wie ihr Vater wurde.

Ein weiteres Beispiel: Der Großvater und nachher der Vater meiner Frau besaß eine Firma, die dann ein Bruder und ein Vetter meiner Frau übernahm. In den letzten Jahren lief die Firma überhaupt nicht mehr gut und kam in die roten Zahlen. Schlimm war, daß die Familie auch in persönliche Haftung mit einbezogen war. Alles stand nun kurz vor dem Kollaps. Zu der Zeit hörten wir die Botschaft von Familienschuld, und meine Frau und ich setzten uns zwei Abende hin und beteten für die Familie und brachten alles ans Kreuz, was uns als Sünde bewußt war und baten den Heiligen Geist, uns Details zu zeigen, für die wir stellvertretend in Einzelheiten Buße taten. Wir baten dann Jesus, die Familie und die Firma zu reinigen. Wenige Tage später kam ein Eilbrief, in dem stand, daß sich das Schicksal der Firma auf eigenartige Weise gewandelt hatte, eine größere Firma sie übernehmen und den Teilhabern sogar noch etwas ausbezahlen würde. Wir haben Autorität.

Ein paar biblische Beispiele, in denen Gläubige den Herrn stellvertretend um Vergebung baten:

2. Chron. 29 Hiskia betet um Befreiung von Vorfahrenlast.
Dan. 9, 8,15b Herr! Bei uns ist die Beschämung des Angesichts, bei unseren Königen, unseren Obersten und unseren Vätern, weil wir gegen dich gesündigt haben ... Wir haben gesündigt, wir haben gottlos gehandelt.
Esra 9, 7a Von den Tagen unserer Väter an sind wir in großer Schuld gewesen bis zum heutigen Tag, ...
Neh. 9, 2b Und sie traten hin und bekannten ihre Sünden und die Verfehlungen ihrer Väter.
Apg. 7, 60a Stephanus bei seiner Steinigung: Und niederkniend rief er mit lauter Stimme: Herr, rechne ihnen diese Sünde nicht zu! Es ist wichtig, uns bewußt zu machen, daß die Hauptwurzel von Vorfahrenschuld in dem **Bestreben** liegt, **unabhängig von Gott zu sein**.

Seit Adam und Eva über alle Generationen hinweg stehen wir in der Versuchung:
- Gott nicht völlig gehorsam zu sein;
- aus eigener Kraft gut sein zu wollen oder Kraftquellen zu entdecken, die mit Gott nichts zu tun haben;
- wir beginnen, uns gegen Gott und seine Ordnungen aufzulehnen.

Wenn wir versuchen, von Gott unabhängig zu werden, leben wir nach unseren eigenen und nicht mehr nach Gottes Maßstäben, wir selbst und unsere Folgegeneration ernten die negative Frucht unserer Saat der Unabhängigkeit.

Nochmals: Warum bekommen wir diese Probleme?

1. Weil wir ernten, was unsere Vorfahren gesät haben.
2. Weil Gott durch Probleme spricht und er möchte, daß wir in seiner Güte zur Umkehr kommen.

Laß dich durch deine eigenen und durch die Probleme deiner Großfamilie ansprechen und frage Gott: Was willst du mir dadurch sagen?

Ich denke, daß wir in einer besonderen Gnadenzeit leben, in der Gott denen, die Buße tun (auch für Vorfahrenschuld) und umkehren, sehr viel Gnade und Sieg schenken wird. Ebenso wie Gideon vom Herrn Sieg geschenkt bekam. Gott möchte reine Gefäße, er sucht diejenigen, die ihm ganz hingegeben sind, wie die 300 Wasserlecker Gideons, die wirklich Überwinder sind und keine Sünde mehr in ihrer Mitte dulden. Denen, so denke ich, spricht der Herr zu:

Siehe, Tage kommen, spricht der Herr, da rückt der Pflüger nahe an den Schnitter heran und Traubentreter an den Sämann, und die Berge triefen von Most, und alle Hügel zerfließen. Da wende ich das Geschick meines Volkes Israel ... Amos 9, 13, 14a.

Um Festungen in unseren Familien zu zerstören, brauchen wir ein gereinigtes Herz:

- ein Herz, in dem Vertrauen auf Gott wohnt statt Zweifel
- ein Herz, das auf Jesus schaut statt auf Probleme

- ein Herz, das bereit ist, für die Familie in den Riß zu treten, konkret Buße zu tun, die Anrechte Satans zu brechen, die er über unsere Familie hat und das geistliche Autorität annimmt, um den Feind zu vertreiben. Vgl. Jes. 58,12.

Wir empfehlen, einen **Stammbaum** zu zeichnen bis hin zur Urgroßelterngeneration und einzutragen, was wir an wichtigen negativen Haltungen, Ereignissen, Krankheiten, besonders Todesfällen entdecken. Vielleicht sind auch bestimmte Phänomene auffällig, die sich von Generation zu Generation wiederholen. Vielleicht werden Linien sichtbar von: Ablehnung, speziellen Krankheiten, Eheproblemen, Unfruchtbarkeit, Stolz, Rebellion, Lieblosigkeit, Unglaube, Leistungsdruck, Ehrgeiz, Armut, Streit, schwachen Männern, starken Frauen oder umgekehrt, depressivem Verhalten, Unreinheit im sexuellen Bereich, eigenartigen Todesfällen, eigenartigen Unglücksfällen, Judenablehnung, falschen Ideologien gefolgt, Offenheit für Okkultismus, Betrüben des Heiligen Geistes, Flucht in Sünde oder Hobbys, Arbeit oder einer Idee, besonders dem Humanismus u. a., das Familienleben opfern.

Zusammengefaßt heißt das: nicht zuerst nach dem Reich Gottes und seiner Gerechtigkeit und Jesus selbst zu trachten, sondern eben zuerst Familienaltäre aufrichten und anbeten.

Die gute Botschaft heißt: Es gibt einen Weg heraus. Wir müssen das nicht mehr als gegeben hinnehmen und sagen: In unserer Familie ist das eben so, so war es schon immer.

Schritte zu unserer Befreiung:

1. Es beginnt immer mit **Vergebung**. Zuerst bitten wir stellvertretend für unsere Vorfahren um Vergebung und dann für unsere eigene Schuld jeweils so detailliert wie möglich, alles, was uns über die Urgroßeltern, Großeltern, Eltern, Onkel, Tanten und sonstige Familienangehörigen bewußt ist: z. B. zu Haltungen von Männern den Frauen gegenüber und von Frauen den Männern gegenüber. Von Eltern den Kindern gegenüber und von Kindern den Eltern gegenüber. Welches waren die Götzenaltäre? Habsucht, Herzenshärte, Kontrolle, Bildung, Ideologien, Atheismus, eine Firma, Arbeit, das Ansehen, negative Haltungen gegenüber Juden, Nazis, gegenüber dem Heiligen Geist, Unabhängigkeit, Rebellion, negative Kritik, Stolz, Minderwertigkeit, rechthaberisch sein, Manipulation, Kommunismus, Weihen wie z. B. Jugendweihe. Vergeben ist der Schlüssel für Freiheit. Solange wir nicht um Vergebung bitten und selbst nicht vergeben, leben wir und unsere Nachkommenschaft in Knechtschaft.

Rö. 6, 18 **Frei gemacht aber von der Sünde, seid ihr Sklaven der Gerechtigkeit geworden.**

Durch Buße gelangen wir in diese Freiheit. Die Personen, denen wir nicht ganz vergeben, sperren wir in ein Gefängnis der Anklage ein. Damit sind sowohl wir als auch der andere unfrei. Dein Mann oder deine Frau können sich erst wirklich ändern, wenn du vollständig vergibst und sie aus jeder Anklage entläßt.

Manche Krankheiten können erst geheilt werden, wenn vorher gründliche Vergebung erfolgt ist. **Als ich schwieg, zerfielen meine Gebeine ...** Ps. 32, 3a.

Wenn wir Vater und Mutter nicht ehren, sondern uns erhoben oder sie verachtet oder uns verschlossen haben, ist die Verheißung, daß es uns gut gehe, nicht freigesetzt. Die Bitte um Vergebung (sofern sie noch leben) ist der erste Schritt. Vgl. Eph. 6, 2, 3. Für Vorfahrenschuld bitten wir stellvertretend um Vergebung.

Vergeben und um Vergebung zu bitten ist ein Gnadengeschenk Gottes und sollte zu einem ständig praktizierten Lebensstil werden. Es ist so etwas Positives, Helles und Frohmachendes. Auch ist es eine Chance, unseren Stolz zu demütigen, denn Gott sucht demütige Menschen, auf die er seine Gnade ausgießen kann („und der Ehre geht Demut voran" – Spr. 15, 33b).

2. Der nächste Schritt der Befreiung heißt: Bringe deine eigene und die ganze **Familienschuld zum Kreuz**, daß sie dort zunichte gemacht wird.

Das Kreuz beinhaltet: Jesus nimmt alle Lasten, Vorfahrenschuld und Sünden auf sich. Am Kreuz sterben alle unsere alten Haltungen der Unabhängigkeit. Unsere Eigenmacht, unser altes Ich muß in den Tod Jesu hineingegeben werden, damit mit ihm ein neuer Mensch auferstehen kann. Was nicht durch den Tod am Kreuz hindurch gegangen ist, ist Fleisch und kann vor Gott nicht bestehen. Von uns aus sind wir unfähig, in guter Weise Christsein zu leben oder eine gute Ehe zu führen. Unsere guten Bemühungen müssen auch mit sterben. Mit Paulus können wir sagen:

Denn das Gute, das ich will, übe ich nicht aus, sondern das Böse, das ich nicht will, das tue ich ... Ich elender Mensch! Wer wird mich retten von diesem Leibe des To-

des? – Ich danke Gott durch Jesus Christus, unseren Herrn! Rö. 7, 19, 24, 25a.

Die aber dem Christus Jesus angehören, haben das Fleisch samt den Leidenschaften und Begierden gekreuzigt. Gal. 5, 24.

Am Kreuz ist Erlösung bereit von allen unseren Familiengötzen und Jesus bietet uns an, alle guten Geschenke für ein neues Leben aus Jesus am Kreuz abzuholen. Ja, wir bringen das Dunkel unserer Familie ans Kreuz und holen die Sanftmut und Demut Jesu am Kreuz ab. Nicht als die stolzen Könige und Politiker, sondern als die Sanftmütigen werden wir das Erdreich besitzen. Dieses Abgeben der Familiengötzen am Kreuz in den Tod Jesu durch Gebet und das Erbitten neuer Eigenschaften beten wir so lange, bis wir Änderung erleben, d. h. gute Früchte ernten.

Am Kreuz lassen wir alle Familiengötzen, unsere falschen Haltungen und unser stolzes Ich sterben. Bei mir mußte auch das Denken ans Kreuz gebracht werden, das ich schon als Kind entwickelt hatte: der gute und angepaßte Christoph kommt so gut durchs Leben. Nach dieser „Kreuzigung" kommt die Auferstehung gemäß Gottes Vorstellung.

Als Absalom David das Königreich wegnahm, ist David als ein schwacher, demütiger Mann aus Jerusalem geflohen. So konnte Gott für David streiten und ihm das Königreich zurückgeben.

3. Im Namen Jesu und in seiner Autorität **brechen wir die Macht Satans**, des Familiengötzen, die Macht von Flüchen und inneren Schwüren. Mit unseren Waffen zerstören wir alle hohen Gedankengebäude, die sich gegen die Erkenntnis Gottes erheben, gem. 2. Kor. 10, 4, 5. Gemäß Matth. 18, 18 binden wir im Namen Jesu Christi Satan über unserer Familie, wir entmachten seine zerstörerischen Anrechte und entreißen ihm die Möglichkeit z. B. weiterhin unsere Kinder zerstörerisch zu beeinflussen und den Geist des Streites in unserer Familie wirken zu lassen. Jesus hat den Sieg über Satan schon errungen (Kol. 2, 15), aber durch unsere entmachtenden Aussagen in der Autorität, die Jesus jedem gab, der ihm sein Leben übereignet hat, nehmen wir Satan die Beute ab und brechen seine zerstörerischen Pläne.

In dieser Weise **binden wir die Mächte**, die sich eingeschlichen haben, wo Sünde ihnen offene Türen gegeben hat z. B. Mächte des Streites, der Ehezerstörung, Hurenmächte, Krankheitsmächte, Lügengeister, fromme Irrgeister, Mächte von Stolz und Rebellion, Mächte der Zauberei bei Unterdrückung der Familie durch Manipulation und Dominanz, Mächte der Kontrolle, Nazimächte, kommunistische Mächte.

Wir brechen Familienmuster z. B. Herrschen durch Ängste, Schwäche und Migräne.
Wir entmachten im Namen Jesu den Fresser, der immer wieder finanzielle Zusammenbrüche veranlaßt hat.
Wir brechen den Fluch der Unfruchtbarkeit und den des Todes.
Wir brechen den Fluch von Menschenabhängigkeit und Menschengefälligkeit.
Wir brechen die Flüche durch Einflüsse von Okkultismus, Spiritismus und Zauberei, ebenso die Macht des pharisäischen Geistes wie auch die der frommen Irrgeister.
Ebenso brechen wir die Mächte des Nationalsozialismus in

unseren Familien, nachdem wir darüber Buße getan haben, dort wo wir und unsere Vorfahren ohne Skrupel den Arm gehoben und dem falschen Heil zugejubelt haben und wo wir heute Mühe haben, den Arm für unseren lebendigen und geliebten Herrn Jesus zu heben.

Wir sind fest entschlossen, für jedes in unserer Großfamilie noch nicht gelöste Problem als ein **Gebetskämpfer** einzutreten:

- wir bitten stellvertretend um Vergebung und um ganze Reinigung der Familie nach Geist, Seele und Leib;
- wir binden und entmachten in unserer Vollmacht diese negativen Mächte;
- wir schneiden ungute Anrechte und Verbindungen von unserer Familie ab;
- wir brechen Flüche und Fluchanrechte und entmachten mögliche Strafen Satans;
- wir beten auch um Reinigung von Häusern und Grundstükken vgl. 2. Mo. 40, 9;
- wir treten ein gegen falsche seelische Bindungen z. B. an Besitz, an bestimmte Personen, für Abtrennung von medialen Fähigkeiten;
- wir treten fürbittend dafür ein, daß falsche Haltungen (Neid, Bitterkeit, Haß, Streit etc.) erkannt und abgelegt werden.

4. Der nächste Schritt ist nun, **mit Jesus zu herrschen**:

Rö 5,17 **Denn wenn durch die Übertretung des einen der Tod durch den einen geherrscht hat, so werden viel mehr die, welche die Überschwenglichkeit der Gnade und der Gabe der Gerechtigkeit empfangen, im Leben herrschen durch den einen, Jesus Christus.**

So werden wir in der Autorität Jesu herrschend und gebietend beten. Im Glauben nehmen wir an, daß durch unser Gebet die Fluchmächte entmachtet und die Familiengötzenaltäre gestürzt sind. Es ist geschehen, ob wir das sehen oder spüren oder nicht.

Wir haben eine Berufung zur königlichen Priesterschaft, und wir haben Jesus und die Kraft des Heiligen Geistes in uns. Jesus in uns möchte den Fluch in Segen verwandeln, wenn wir die Bedingungen des Segens erfüllen, nämlich in der Furcht des Herrn zu wandeln. So nehmen wir unser ganzes „Land", das der Familie zusteht, neu ein. Wir nennen Gott einzeln jede Person, die in das Freisetzungsgebet eingeschlossen sein soll.

Je mehr wir im Sieg leben, desto mehr kann es sein, daß wir vom Feind angegriffen werden. Gott kann seinen Schutz um uns legen, doch läßt Gott auch Nöte zu, die unserer Läuterung dienen, so daß wir im Glauben und in Hingabe an den Vater wachsen. Vielleicht geht es uns wie Hiob. Seine Schwachstelle war Angst und ein nicht völliges Ruhen im Herrn.

Denn ich fürchtete einen Schrecken, und er traf mich, und wovor mir bangte, das kam über mich. Hiob 3, 25.

Doch trotz all der Angriffe und der negativen Seelsorge durch seine Freunde bestand er diesen Angriff Satans siegreich, sah ganz auf den Herrn und ging aus dieser scheinbaren Niederlage siegreich hervor und bekam von Allem das Doppelte.

Wichtig ist, in den Nöten und Drangsalen fest am Herrn zu bleiben und ihm noch mehr zu vertrauen, daß er unsere Probleme in einen geistlichen Sieg verwandeln wird. Dadurch werden unser Glaube, unsere Vollmacht und unser Charakter nur wachsen.

Es muß uns bewußt sein, daß der Teufel uns unsere neu gewonnene Freiheit möglichst schnell wieder entreißen möchte. Doch wir halten an unserem neu gewonnen Sieg fest und lernen, jedem Angriff des Teufels zu widerstehen, so daß er flieht. Wie Gideon jagen wir dem Feind nach, bis er ganz aufgerieben ist.

So werden wir zu einem Streiter Gottes, und in der Kraft Jesu und seines Wortes werden wir zu starken Überwindern.

Anlage

Eine Liste von Sünden, Flüchen oder negativen Mächten, sowie den Folgen der Sünden als Hilfe, um konkret beten zu können:

Sünden und falsche Haltungen:

Drogen, Alkohol und andere Süchte
Untreue, Hurerei, Pornographie, Homosexualität
Unreinheit, Gefangenschaft durch Gefühle, Triebe
Ehebruch, Ehescheidung
Humanismus
Habsucht
Sicherheit als Götze
Feminismus, Geist der Isebel
Abtreibung, Kindermord
Lügen
verkürztes Evangelium, geistliche Feigheit
Ideologien wie Kommunismus, Nationalsozialismus
Gottesferne, Unglaube, Zweifel
Geist des Antichristen (wo Jesus nicht ganz Herr ist)
Brutalität, Haß
Wahrsager und Geisterbeschwörer befragen
Stehlen, Betrug, falsche Steuererklärung
starke Leistungsorientierung
weiße und schwarze Magie
Judenablehnung, Betrüben des Heiligen Geistes
sich dem Heiligen Geist gegenüber verschließen
Flucht in Ideen, Hobbys, Arbeit
Zwänge

Bildung, Ansehen, Menschengefälligkeit als Götze, Unabhängigkeit, Selbstgerechtigkeit
Weihen, Jugendweihe
Freimaurerei
Anthroposophie, östliche Religionen, okkulte Praktiken, Zauberei, Pendeln, Spiritismus, Tote befragen, Satanismus
Erbstreitigkeiten
Verantwortung nicht wahrnehmen
Vergleichsdenken, Minderwertigkeit
Rückzugsverhalten, Verweigerung
Fluchen
sich viele Sorgen machen, dem Falschen zujubeln (vgl. Drittes Reich), Blutschande, Mißbrauch, Inzest, negativ und anklagend reden und richten u.v.a.m.

Folgen der Sünde:

Bitterkeit, bittere Wurzeln, nicht vergeben
Habsucht, Geiz
Streit, Erbstreit
Stolz, Familiendünkel
Egoismus
Jähzorn, Rebellion bes. gegen Eltern
Vorwurfshaltung
Ungerechtigkeit, Unterdrückung
Ablehnung
Manipulieren und Dominieren von Männern über Frauen
Manipulieren und Dominieren von Frauen über Männer
Kontrolle
Lieblosigkeit
Ehrgeiz
Ängste

Herzenshärte
Horoskope, Astrologie, Besprechen
Verunsicherung
Besserwisserei, Rechthaberei, Pharisäertum
Geistesverwirrung u.v.a.m.

Folgen von Flüchen:

Unfruchtbarkeit, Fehlgeburten, frauenspezif. Probleme
Unglücke, Unfälle
Ehezerstörung, ständige Eheprobleme
früher Tod
Kontrolle, Zauberei
geerbte Krankheiten
ständige Schwächezustände
„Fressen" allen Besitzes
Armut ohne scheinbaren Ausweg
depressives Verhalten
Menschenabhängigkeit
Menschengefälligkeit
Krieg, Hungersnot, Seuchen

Wenn wir uns unter unsere Schuld und die unserer Vorfahren stellen und uns demütigen, wird Gott uns gnädig sein.

NEUERSCHEINUNGEN
Frühjahr 1999

Von Stolz und Rebellion zu Demut und Sanftmut
von Christoph Häselbarth
50 Seiten, geheftet
ISBN 3-925968-84-9 Best.-Nr. 175884
Jesus sagte: Lernt von mir Demut und Sanftmut und überwindet damit eure Hauptsünden von Stolz und Rebellion. Die Demütigen werden Gewinner sein und die Sanftmütigen werden Städte, Länder und am Ende die ganze Erde besitzen. Zu lernen, wie wir in Demut und Sanftmut hineinkommen, ist die wichtigste Lektion unseres Lebens.

Saat und Ernte
von Christoph Häselbarth
40 Seiten, geheftet
ISBN 3-925968-85-7 Best.-Nr. 175885
Durch unser ganzes Leben hindurch handeln wir nach dem göttlichen Gesetz von Saat und Ernte – unabhängig davon, ob wir uns dessen bewußt sind oder nicht. Deshalb sollten wir alle lernen, guten Samen zu säen, damit wir danach ein gutes Leben ernten können.

Heilung – Wie wir um Heilung beten können
von Christoph Häselbarth
64 Seiten, geheftet
ISBN 3-925968-86-5 Best.-Nr. 175886
Gott gab Christoph, wie auch Menschen in vielen anderen Ländern – das Anliegen ins Herz, den Heilungsauftrag Jesu uns Christen neu nahezubringen. Dieses Büchlein enthält eine Reihe von Empfehlungen, wie wir um Heilung beten und sie auch behalten können.

Der Plan Gottes für die letzte Zeit – die Rolle Israels dabei
von Birger Makatowski
mit Vorwort von Christoph Häselbarth
64 Seiten, geheftet
ISBN 3-925968-87-3 Best.-Nr. 175887
In einer komprimierten Zusammenfassung werden der aktuellen Politik im Nahen Osten biblische Aussagen gegenübergestellt. Es wird deutlich aufgezeigt, daß der Plan Gottes in unserer Zeit untrennbar mit dem Volk Israel verbunden ist. Das Büchlein eignet sich auch für Menschen, die in der Bibel nicht so „zu Hause" sind und für die diese biblischen Zusammenhänge neu sind.